Drahtsterne/Stecksterne

In diesem Buch werden für einige Modelle gelötete Drahtsterne mit acht gleich langen Strahlen verwendet. Die Sterne sind im Fachhandel in verschiedenen Durchmessern erhältlich.

Zwischengrößen können durch gleichmäßiges Abkneifen der Drahtenden hergestellt werden. Da die Längen der Strahlen herstellungsbedingt unterschiedlich ausfallen können, diese unbedingt vor Arbeitsbeginn abmessen und prüfen, ob die angegebenen Perlen alle darauf passen. Bitte dabei am kürzesten Strahl orientieren.

Die Strahlen gemäß Abbildung mit Perlen, Röhrchen usw. bestücken und die letzte Perle mit einem Tropfen Schmuckkleber fixieren. Sekundenkleber ist hier nicht zu empfehlen, da er unschöne Kleberänder hinterlässt.

Ein Drahtstern kann auch selbst hergestellt werden, indem z. B. von einem Fädeldraht drei Abschnitte zu je 10 cm Länge abgeschnitten, über Kreuz als Sechseck angeordnet und am Mittelpunkt miteinander verdreht werden.

Bestückung der Strahlen

Am einfachsten geht es, wenn gleichzeitig zwei nebeneinander liegende Strahlen gemäß Abbildung und Vorlage bestückt werden. Die letzte Perle nochmals vom Strahl entfernen und den Draht so abschneiden, dass die Perle noch zur Hälfte aufgesteckt werden kann. Die letzte Perle mit einem kleinen Tropfen Schmuckkleber fixieren, damit sie nicht herunterrutscht. Die restlichen Strahlen ebenso arbeiten.

Statt Schmuckkleber zu verwenden, kann an den Enden auch eine Öse gebogen werden.

Rechtwinkliger Stich mit einer Nadel

Grundmuster

Vier Perlen aufnehmen und nochmals durch alle Perlen bis zu Perle 2 fädeln. Der erste Kreis ist entstanden.

Drei Perlen aufnehmen und den Faden durch Perle 2, 5 und 6 führen, um den zweiten Kreis zu schließen. Der Fädelskizze folgend weiter arbeiten. Falls Sie die Orientierung verlieren: Fädeln Sie immer durch die Perle, aus der der Arbeitsfaden austritt und die zwei folgenden, neu aufgenommenen Perlen.

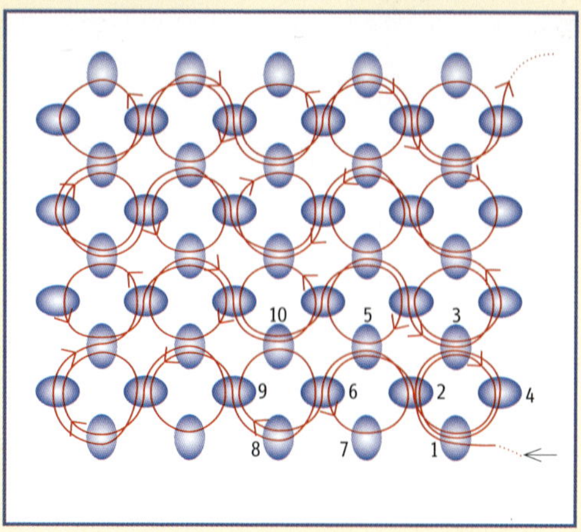

Peyotestich

Peyote ist der berühmteste und vielseitigste Stich. In der Peyotetechnik hergestellte Perlenarbeiten sind sehr geschmeidig und flexibel. In Längsrichtung lassen sie sich gut falten. Diesen Stich kann man sowohl flach, als auch schlauchförmig arbeiten. Hier wird Peyote mit einer geraden Anzahl an Perlen erklärt. Er lässt sich auch mit einer ungeraden Anzahl arbeiten, was aber komplizierter ist.

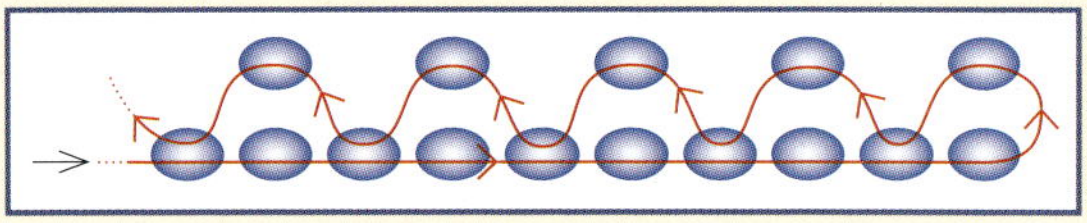

Eine gerade Anzahl an Perlen für die erste Reihe aufnehmen. Die erste Perle der zweiten Reihe aufnehmen, die letzte Perle der ersten Reihe überspringen und durch die vorletzte Perle der ersten Reihe fädeln. Wieder eine Perle aufnehmen, eine Perle der ersten Reihe überspringen, durch die nächste Perle fädeln. So entstehen Lücken zwischen den einzelnen Perlen. Wie beschrieben bis zum Ende arbeiten.

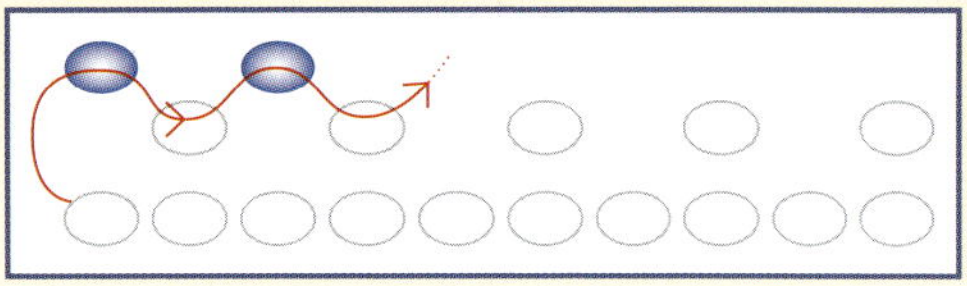

Für die nächste Reihe, in der die entstandenen Lücken gefüllt werden, eine Perle aufnehmen und durch die letzte Perle der zweiten Reihe fädeln. Wieder eine Perle aufnehmen, eine Perle der Vorreihe überspringen und durch die nächste fädeln.

Peyote über Paare

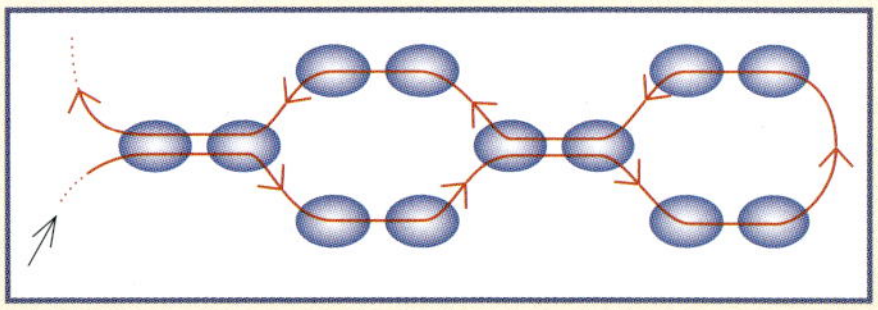

Dies ist eine schnelle Variante des Peyotestiches. Statt einer werden immer gleich zwei Perlen aufgenommen. Ansonsten wird dieser Stich nach dem gleichen Prinzip wie oben beschrieben gearbeitet.
Eine gerade, durch vier teilbare Anzahl an Perlen für die erste Reihe aufnehmen. Für die nächste Reihe zwei Perlen aufnehmen, zwei Perlen der unteren Reihe überspringen und den Faden durch die nächsten beiden Perlen der unteren Reihe ziehen.

Ringel korrekt öffnen und schließen

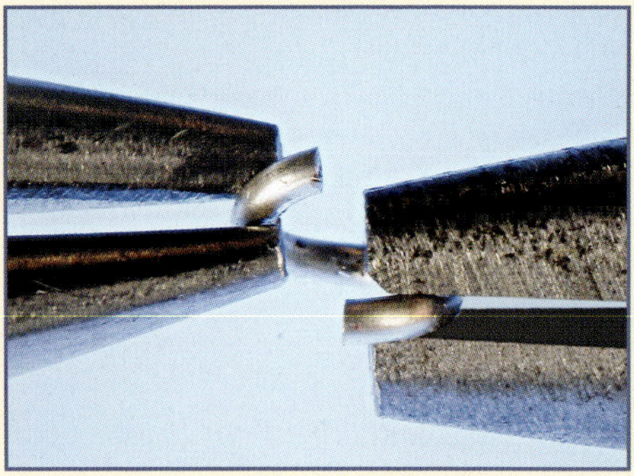

Den Ringel mit zwei Zangen, z. B. einer Flach- und einer Kettelzange, greifen. Zum Öffnen nach vorne und hinten aufbiegen, keinesfalls zu den Seiten auseinander ziehen. Nur so wird die ursprüngliche Form erhalten. Zum Schließen in die Gegenrichtung wieder zubiegen.

Festlicher Perlenzauber

Weihnachten ist eine glanzvolle Zeit, in der die Lichter am Tannenbaum mit strahlenden Augen um die Wette glänzen. Einen besonders feierlichen Rahmen können Sie dem schönsten Fest im Jahr mit diesen Perlendekorationen verleihen. Mit Sternen für den Weihnachtsbaum oder Servietten- und Kerzenschmuck an der festlichen Tafel können Sie zu Hause Perlenzauber verbreiten. Niedliche Schneeflöckchen und Tannenbäumchen zeigen viel Liebe zum Detail. Ein richtiger Blickfang sind auch die umperlten Christbaumkugeln, die nicht nur am Baum, sondern auch anders arrangiert wirken.

Viel Freude mit Ihren Perlendekorationen!

Diana Averdiek

HILFSMITTEL

Neben den rechts aufgeführten Materialien benötigen Sie für sämtliche der im Buch gezeigten Modelle folgende Hilfsmittel:

- alte Schere (Drähte schneiden)
- Seitenschneider (Enden der Stecksterne und Schmuckdraht abkneifen)
- Spitzzange bzw. Schmuck-Kettelzange (Herausziehen und Führen von Draht an schwer zugänglichen Stellen)
- Schmuckkleber (keinen Sekundenkleber verwenden!)
- Arbeitsunterlage, z. B. aus Moosgummi oder Filz
- Klebefilm (vorläufiges Fixieren und Sichern der Perlen)
- ggf. Pinzette oder Flachzange (Drähte miteinander verdrehen)

Die wichtigsten Materialien

Kristall-Schliffperlen von Swarovski® bezaubern durch ihre wunderschönen Farben. Die Doppelkegel (ø 4 mm und ø 6 mm) sind aus hochwertigem Kristallglas und präzise geschliffen – das Licht wird in ihnen brillant gebrochen.

Runde Kristall-Perlen von Swarovski® sind nahezu runde Kristall-Perlen in einer großen Farbauswahl.

Rocailles sind kleine, runde Perlen in unterschiedlichen Farben und Größen.

Delicas sind zylindrische Perlen aus Japan von höchster Qualität.

Stäbchenperlen sind Glasstifte in verschiedenen Farben und Längen. Verwendet werden hier 7 mm lange Stäbchenperlen.

Nylonfaden oder Perlonfaden – beide transparent – werden bei allen Modellen verwendet. Sie dienen zur Herstellung der plastischen Formen. Die erforderlichen Stärken (ø 0,15 mm, 0,3 mm, 0,35 mm und 0,5 mm) sind jeweils angegeben.

Silberdraht in den Stärken ø 0,3 mm oder 0,5 mm wird benötigt, um flachen Teilen, wie zum Beispiel den Tannenbäumchen auf Seite 10, Halt zu geben.

Sichern mit einer Stopperperle

Eine Stopperperle wird für viele Techniken, vor allem aber bei Fädelarbeiten, benötigt. Sie sorgt dafür, dass die aufgezogenen Perlen nicht vom Faden rutschen und gibt der Arbeit Halt. Sie lässt sich trotzdem hin- und herschieben. Eine Perle (= bei Fädeltechniken meist die erste Perle des Arbeitsstückes) bis ca. 15 cm vor das Fadenende ziehen. Dann den Faden nochmals in die gleiche Richtung durch die Perle fädeln. Somit ist diese fixiert und kann nicht mehr verrutschen. Wird sie nicht mehr benötigt, wird sie einfach vom Faden genommen.

Ösen biegen

Die Öse so weit aufrollen, bis sie sich schließt.

Diese Perle kann nun z. B. mithilfe eines Ringels an ein anderes Schmuckelement gehängt werden.

Reh und Päckchen

→ Geschenkanhänger

MOTIVHÖHEN
Päckchen ca. 2 cm
Reh ca. 10 cm

MATERIAL WÜRFEL

- 48 Wachsperlen in Weiß, ø 4 mm
- 20 Rocailles in Weiß mit Silbereinzug, ø 3 mm
- Nylonfaden, ø 0,15 mm
- Perlennadel

REH

- Glöckchen, ø 20 mm
- 22 Rocailles in Crystal mit Silbereinzug, ø 2 mm
- 30 Rocailles in Crystal mit Goldeinzug, ø 2 mm
- 81 Glaschliffperlen in Crystal, ø 4 mm
- 24 Swarovski® Doppelkegel in Crystal, ø 4mm
- Nylonfaden, ø 0,15 mm
- Perlennadel

VORLAGENHEFT SEITE 1

Päckchen

1 Das Päckchen wird im Rechtwinkligen Stich gefertigt, siehe Seite 3. Die Würfelseiten eins bis vier aus den Wachsperlen gemäß Skizze arbeiten. An den grau markierten Perlen schließen (siehe Skizze 1).

2 Ein neues Stück Nylonfaden verwenden und die restlichen Perlen für die Ober- und Unterseite des Würfels gemäß Skizze 2 arbeiten.

3 Mit dem Fadenende eine Schlaufe aus den Rocailles fädeln. Die Fadenenden vernähen.

Reh

1 Den Körper nach Skizze 1 mit den Glasschliffperlen arbeiten. An den grau markierten Perlen schließen.

2 Anschließend einen neuen Faden nehmen und die Beine an den Körper arbeiten, dabei die Beine an den rosa markierten Perlen ansetzen (Skizze 2). Die Fadenenden vernähen.

3 Zum Anbringen des Kopfes einen neuen Faden mittig in die schon vorhandene Körperperle 1 fädeln und die Perlen gemäß Skizze 3 auffädeln. Dann durch die schon vorhandene Körperperle 2 kreuzen. Zur Stabilisierung die Rocailles und die grün markierten Glasschliffperlen einarbeiten.

4 Zum Anbringen des Geweihs den Faden je zu den Glasschliffperlen a und b führen und das Geweih auffädeln, Skizze 4.

5 Die goldenen Rocailles und das Glöckchen auffädeln und um den Hals des Rehs legen. Den Faden vernähen.

Tipp: Beide Anhänger eignen sich auch als Schlüsselanhänger.

Schwarz-weiße Weihnachten

→ Sterne und Hänger

MOTIV-HÖHEN
Steckstern ø 15 cm
gefädelter Stern ca. 7 cm
Hänger ca. 14 cm

MATERIAL STECK-STERN
- Steckstern in Silber, ø 15 cm
- 16 Wachsperlen in Silber, ø 4 mm
- 16 Wachsperlen in Silber, ø 6 mm
- 16 Swarovski®-Doppelkegel in Schwarz, ø 4 mm
- 8 Swarovski®-Doppelkegel in Crystal, ø 4 mm
- 16 Swarovski®-Doppelkegel in Anthrazit, ø 4 mm
- 8 Swarovski®-Doppelkegel in Schwarz, ø 6 mm
- 8 Swarovski®-Doppelkegel in Crystal, ø 6 mm
- 8 Swarovski®-Doppelkegel in Anthrazit, ø 6 mm

HÄNGER
- Schmuckdraht in Silber, ø 0,38 mm, ca. 50 cm lang
- 10 Quetschperlen in Silber, ø 1 mm
- 2 Tannenbaumanhänger in Silber
- 15 Rocailles in Schwarz, ø 3 mm
- 2 Wachsperlen in Silber, ø 4 mm
- 2 Wachsperlen in Silber, ø 6 mm
- Wachsperle in Silber, ø 10 mm
- Swarovski®-Perle in Crystal, rund, ø 10 mm
- Swarovski®-Perle in Crystal, rund, ø 8 mm
- 2 Polarisperlen in Weiß, ø 8 mm
- 2 Scheiben in Schwarz, ø 10 mm
- Swarovski®-Doppelkegel in Schwarz, ø 4 mm
- Swarovski®-Doppelkegel in Crystal, ø 4 mm
- 2 Swarovski®-Doppelkegel in Crystal, ø 6 mm

GEFÄDELTER STERN
- Häkeldraht in Silber, ø 0,3 mm
- 6 Swarovski®-Perlen in Crystal, rund, ø 8 mm
- 18 Swarovski®-Doppelkegel in Schwarz, ø 4 mm
- 24 Wachsperlen in Silber, ø 6 mm
- 24 Wachsperlen in Silber, ø 4 mm
- 12 Swarovski®-Doppelkegel in Crystal, ø 4 mm

VORLAGEN-HEFT SEITE 2

Steckstern

Den Steckstern nach der Abbildung mit den Perlen bestücken. Damit sie nicht runterfallen, am Ende eine Öse biegen.

Hänger

1 Eine Quetschperle auffädeln, mit dem Schmuckdraht eine Schlaufe bilden und das Ende des Schmuckdrahtes durch die Quetschperle schieben, festquetschen. Durch diese Schlaufe zum Schluss den Tannenbaumanhänger anbringen.

2 Eine weitere Quetschperle auffädeln und festquetschen. Den Schmuckdraht nach der Abbildung bestücken und die Perlen mit einer Quetschperle auf dem Schmuckdraht befestigen. Um die letzten Perlen zu befestigen, eine Quetschperle, eine Wachsperle in Silber (ø 4 mm) und eine Rocaille auffädeln. Den Schmuckdraht zurück durch die Wachsperle und die Quetschperle führen, dabei die Rocaille überspringen. Die Quetschperle festquetschen. Den restlichen Schmuckdraht abschneiden.

3 Zum Schluss den Tannenbaumanhänger anbringen.

Gefädelter Stern

1 Einen schwarzen Doppelkegel (ø 4 mm) und eine runde Swarovski®-Perle (ø 8 mm) auffädeln.

2 Diesen Vorgang 5 Mal wiederholen und zum Kreis schließen. So entsteht der mittlere Kreis, Skizze 1.

3 Den Häkeldraht aus dem Doppelkegel (Schwarz, ø 4 mm) herausführen, * 2 Wachsperlen (ø 4 mm), einen Doppelkegel (Schwarz, ø 4 mm) und nochmals zwei Wachsperlen (ø 4 mm) auffädeln. Dann durch den schwarzen Doppelkegel wieder zurück, Skizze 2, anschließend durch die nächste Glasschliffperle (ø 8 mm) und durch den nächsten Doppelkegel (Schwarz, ø 4 mm) den Häkeldraht wieder herausführen.** Von * bis ** 5 Mal wiederholen. So entstehen die sechs Kreise mit den kleinen Wachsperlen.

4 Den Häkeldraht aus dem äußeren schwarzen Doppelkegel (ø 4 mm) herausführen und *** einen Doppelkegel (Crystal, ø 4 mm), 2 Wachsperlen (ø 6 mm), einen schwarzen Doppelkegel (ø 4 mm), 2 Wachsperlen (ø 6 mm) und einen Doppelkegel (Crystal, ø 4 mm) auffädeln **** und durch die Zackenspitze der vorherigen Runde fädeln, Skizze 3.

5 Von *** bis **** 5 Mal wiederholen. Mit dem Fadenende eine Schlaufe zum Aufhängen bilden.

Tannenbäumchen

→ niedlich

MOTIVHÖHEN
ca. 4,5 cm bis 6 cm

MATERIAL GRÜNE TANNENBÄUMCHEN

- ca. 5 g Rocailles pro Tannenbaum, ø 3 mm
- ggf. ca. 12 Wachsperlen in Weiß, ø 4 mm
- Sternchen in Silber bzw. Kupfer, ø 5 mm
- Häkeldraht, farblich passend, ø 0,38 mm

TANNENBÄUMCHEN MIT BUNTEN KUGELN

- je 1 Swarovski®-Doppelkegel in Grün, Lila, Orange, Hellblau, Pink, Gelb, Hellgrün, Oliv, Rosa und Crystal, ø 4 mm
- Rocailles in Silber, ø 3 mm
- Häkeldraht, farblich passend, ø 0,38 mm

VORLAGENHEFT SEITE 3+4

Grünes Tannenbäumchen mit Sternchen

1 Für das grüne Tannenbäumchen mit Sternchen einen ca. 1 m langen Arbeitsfaden nehmen und 3 Rocailles (im folgenden Text mit R abgekürzt) mittig aufnehmen, durch 3 weitere R kreuzen. Anschließend noch einmal 3 R aufnehmen und kreuzen. Auf jeden Draht je 10 R auffädeln. Jetzt wird noch nicht gekreuzt. Auf einen der beiden Drähte 21 R auffädeln und durch diese kreuzen. Nach der Skizze im Vorlagenheft weiterarbeiten.

Tannenbäumchen mit bunten Swarovski®-Kugeln

1 Auch dieser Tannenbaum wird vom Stamm aus gefädelt. Auf einen ca. 1 m langen Arbeitsfaden 3 Rocailles (im folgenden Text mit R abgekürzt) aufnehmen.

2 Anschließend nochmals 3 R auffädeln und kreuzen. Den Vorgang wiederholen.

3 Jetzt auf den linken Draht 8 R und auf den rechten Draht 8 R aufnehmen, gekreuzt wird jetzt noch nicht.

4 Jetzt auf einen der beiden Drähte 6 R, 1 Doppelkegel lila, 6 R, 1 Doppelkegel grün, 3 R auffädeln und mit dem anderen Draht kreuzen. Nach der Skizze im Vorlagenheft weiter arbeiten.

Tipp: Die Bäumchen nach oben hin schmaler werden lassen, indem durch weniger Rocailles gekreuzt wird.

Für das Tannenbäumchen mit den Wachsperlen am Tannenbäumchen mit den bunten Swarovski®-Doppelkegeln orientieren.

Weihnachtskugeln

→ in Netztechnik umfädeln

MOTIVHÖHE
ca. 6 cm

MATERIAL PRO KUGEL

- Weihnachtskugel in Türkis, ø 6 cm
- ca. 15 g Rocailles in Hellblau, ø 3 mm
- ca. 5 g Rocailles in Silber, ø 3 mm
- Fädelgarn
- Perlennadel
- evtl. Fadenwachs

VORLAGENHEFT SEITE 5

1 Einen ca. 1 m langen Arbeitsfaden nehmen, evtl. vorher wachsen. * Eine silberne Rocaille, 3 hellblaue Rocailles ** auffädeln, von * bis ** 8 Mal wiederholen, siehe Skizze 1. Die aufgefädelten Rocailles zum Kreis schließen. Dieser Kreis liegt später um den Aufhänger. Der Arbeitsfaden kommt aus einer silbernen Rocaille.

2 Für die zweite Runde *** 3 hellblaue Rocailles, 1 silberne Rocaille und 3 hellblaue Rocailles aufnehmen und durch die nächste silberne Rocaille der ersten Runde fädeln****. Diesen Vorgang von *** bis **** wiederholen bis die Runde zu Ende ist, Skizzen 1 und 2.

3 Für die dritte Runde 5 hellblaue Rocailles, 1 silberne Rocaille und 5 hellblaue Rocailles aufnehmen und durch die nächste silberne Rocaille der zweiten Runde fädeln. So fortfahren bis die Runde zu Ende ist, Skizze 1 und 2.

4 Die nächsten 3 Runden werden gleich gearbeitet. Hierfür 7 hellblaue Rocailles, 1 silberne Rocaille und 7 hellblaue Rocailles aufnehmen und durch die nächste silberne Rocaille der Vorrunde fädeln, siehe Skizzen 1 und 2.

5 Danach die Reihenfolge der dritten Runde und der zweiten Runde wiederholen.

6 Das Netz über die Weihnachtskugel stülpen und die letzte Runde fädeln. Jetzt werden zwischen den silbernen Rocailles jeweils 3 hellblaue Rocailles gefädelt. Den Arbeitsfaden vernähen.

Tipp: Wenn Sie mögen, verzieren Sie die Kugel anschließend noch mit größeren Glasschliffperlen oder Tropfenperlen.

Gefädelte Sterne

→ aus Glasschliffperlen

Fünf Zacken

1 Einen ca. 1,5 Meter langen Nylonfaden nehmen und nacheinander folgende Perlen auffädeln: eine Rocaille, eine Glasschiffperle, eine Rocaille, eine Glasschliffperle, eine Rocaille. Anschließend noch einmal eine Glasschliffperle aufnehmen und durch diese kreuzen, Skizze 1.

2 Auf ein Fadenende eine Rocaille fädeln. Auf das zweite Fadenende eine Rocaille, eine Glasschliffperle und eine Rocaille und eine Glasschliffperle auffädeln. Den ersten Faden in der Glasschliffperle kreuzen, Skizze 2.

3 Diesen Vorgang wiederholen, Skizzen 3 + 4. Mit einem weiteren Kreis das Gebilde schließen, Skizzen 5 + 6.

4 Auf ein Fadenende eine Rocaille fädeln. Auf das zweite Fadenende Rocaille, Glasschliffperle, Rocaille und Glasschliffperle fädeln. In der Glasschliffperle kreuzen, Skizze 7.

5 Auf einer Seite 5 Rocailles und eine Glasschliffperle auffädeln. Auf der anderen Seite eine Rocaille auffädeln und in der Glasschliffperle kreuzen, Skizze 8. Diesen Vorgang wiederholen, Skizze 9. Die Runde vervollständigen, Skizze 10.

6 Die Arbeitsschritte von Skizze 8, 9 und 10 insgesamt 3 Mal wiederholen. Danach den Arbeitsschritt 9 noch einmal wiederholen. Den Kreis mit Arbeitsschritt 10 beenden, anstatt der Glasschiffperle 3 Rocailles auffädeln und auch durch diese kreuzen, Skizze 11.

7 Die Zackenspitzen anbringen: Dafür den Faden in den äußeren Ring fädeln, bei der mit Pfeil 1 markierten Rocaille tritt der Faden heraus. Darauf 1 Rocaille, eine Glasschliffperle, 3 Rocailles, eine Glasschliffperle und wieder eine Rocaille fädeln. Den Zacken schließen, dazu den Faden in die mit Pfeil 2 markierte Rocaille ziehen, Skizze 12.

8 An einer Zackenspitze die Aufhängeöse anbringen. Hierfür 21 Rocailles auffädeln, durch die mittlere Rocaille zurückfädeln. Die Fadenenden im Stern vernähen, Skizze 13.

Sechs Zacken

1 Einen ca. 1,5 m langen Nylonfaden nehmen und 5 Rocailles auffädeln, durch eine weitere Rocaille kreuzen, Skizze 1.

2 Eine Glasschliffperle, eine Rocaille, eine Glasschliffperle, eine Rocaille, eine Glasschliffperle auffädeln und durch die erste Rocaille (a) und zweite Rocaille (b) der ersten Runde fädeln. Eine Glasschliffperle, eine Rocaille, eine Glasschliffperle, eine Rocaille aufnehmen und nach Skizze 2 weiterarbeiten und den Kreis schließen.

3 In der gleichen Technik und wie beim fünfzackigen Stern weiterarbeiten. Bei Skizze 7 anfangen. Anstelle der 5 Rocailles (wie in Skizze 8 gezeigt), beim sechszackigen Stern eine Rocaille, eine Glasschliffperle, eine Rocaille aufnehmen. Auch beim Arbeitsschritt 9 die Änderung wie oben beschrieben vornehmen.

MOTIVHÖHE
ca. 6 cm

MATERIAL STERN MIT FÜNF ZACKEN

- 35 Glasschliffperlen in Crystal bzw. Granat, ø 4 mm
- ca. 1 g Rocailles in Crystal mit Silbereinzug bzw. Granat, ø 2 mm
- Nylonfaden, ø 0,38 mm
- Perlennadel

STERN MIT SECHS ZACKEN

- 42 Glasschliffperlen in Rot, ø 4 mm
- ca. 1 g Rocailles in Rot, ø 2 mm
- Nylonfaden, ø 0,38 mm
- Perlennadel

VORLAGENHEFT SEITE 6 + 7

5 Die Zackenspitzen wie beim fünfzackigen Stern anbringen.

Traumhafte Engel

→ mit passendem Stern

MOTIVHÖHEN
Engel ca. 6 cm bzw. 7 cm
Stern ca. 7 cm

MATERIAL KLEINER ENGEL

- 81 Wachsperlen in Weiß, ø 3 mm
- Wachsperle in Weiß, ø 12 mm
- Swarovski®-Blüte in Crystal, ø 6 mm
- Häkeldraht, farblich passend, ø 0,3 mm

GROSSER ENGEL

- 26 Wachsperlen in Weiß, ø 3 mm
- Wachsperle in Weiß, ø 12 mm
- 48 Wachsperlen in Weiß, ø 4 mm
- 11 Swarovski®-Perlen in Crystal, rund, ø 4 mm
- Swarovski®-Strassrondell in Crystal, ø 6 mm
- Häkeldraht, farblich passend, ø 0,3 mm

GEFÄDELTER STERN

- Häkeldraht, farblich passend, ø 0,3 mm
- 5 Swarovski®-Oliven in Crystal, 5 mm x 7,5 mm
- 25 Wachsperlen in Weiß, ø 4 mm
- 10 Stäbchenperlen in Silber, ø 2 mm, 15 mm lang
- 10 Stäbchenperlen in Silber, ø 2 mm, 7 mm lang

VORLAGENHEFT SEITE 8

Engel

Kleiner Engel

1 Einen ca. 1 m langen Draht nehmen und mittig 10 Wachsperlen auffädeln, anschließend nochmals 9 Wachsperlen auffädeln und kreuzen.

2 Für die nächste Reihe durch 8 Wachsperlen kreuzen, dann durch 7, 6, 5, 4, 3, 2. Zum Schluss durch 1 Perle kreuzen.

4 Auf einen Draht 9 Wachsperlen auffädeln und zurück durch die einzelne Perle der 10. Reihe. Den anderen Draht genauso arbeiten. So entstehen die Flügel.

5 Beide Drähte zusammen nach oben durch die große 12 mm Perle und durch die kleine Blüte führen. Auf beide Drähte 8 Wachsperlen auffädeln und beide Drähte zurückführen durch die Blüte und die große Wachsperle.

6 Die Enden des Arbeitsdrahtes in den Armen oder im Körper verarbeiten.

Großer Engel

1 Eine Reihe mit 10 Wachsperlen beginnen. Die nächsten Reihen nach der Abbildung weiterfädeln, dabei immer wieder Swarovski®-Perlen einfädeln.

2 Den Engel wie den kleinen Engel beenden, allerdings statt der Blüte ein Strassrondel und eine Swarovski®-Perle auffädeln.

Reh und Päckchen

Seite 7

Glasschliffperle, ø 4 mm

Rocailles, ø 2 mm

Swarovski®-Doppelkegel, ø 4 mm

Wachsperle, ø 4 mm

1. Rehkörper (Rückgrat)

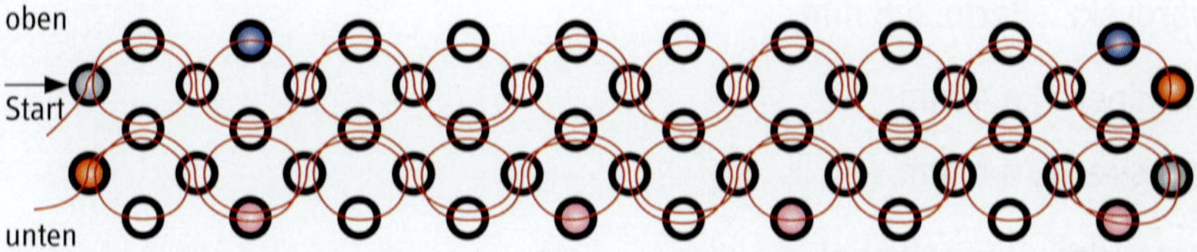

die roten Perlen nicht zusätzlich auffädeln, sie sind identisch mit den grauen.

2. Beine fädeln

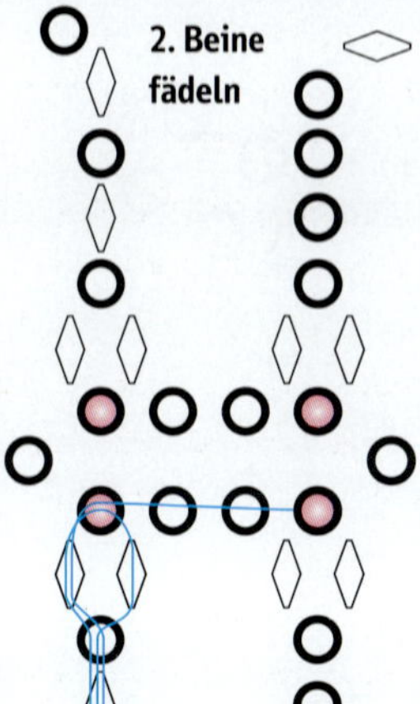

3. Seitenansicht Kopf

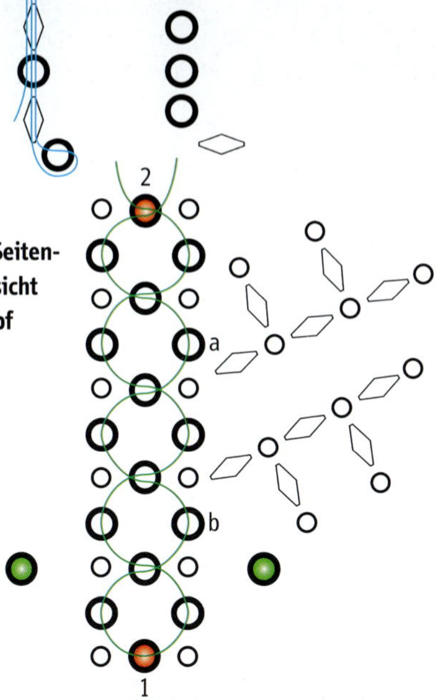

Geweih

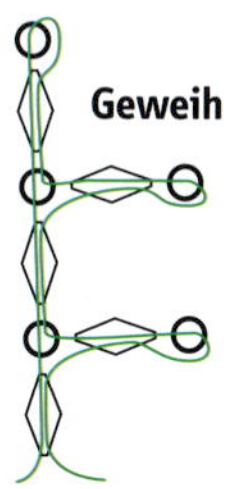

Päckchen

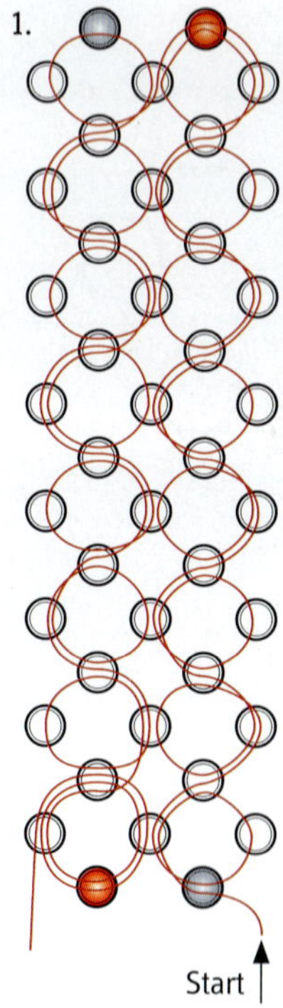

Päckchen Ober- und Unterseite

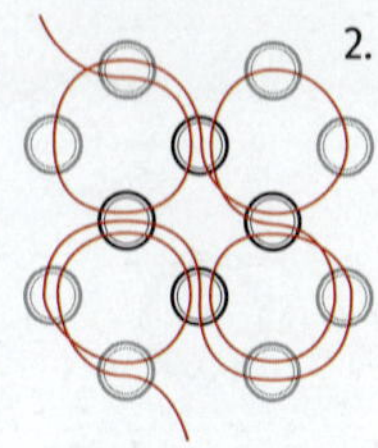

Die grauen Perlen sind schon vorhanden, nur die schwarzen neu aufziehen.

Die roten Perlen nicht zusätzlich auffädeln, sie sind identisch mit den grauen.

Schwarz-weiße Weihnachten

Seite 9

Gefädelter Stern

- Swarovski®-Perle, ø 8 mm
- Wachsperle, ø 4 mm
- Wachsperle, ø 6 mm
- Swarovski®-Doppelkegel, ø 4 mm

1.

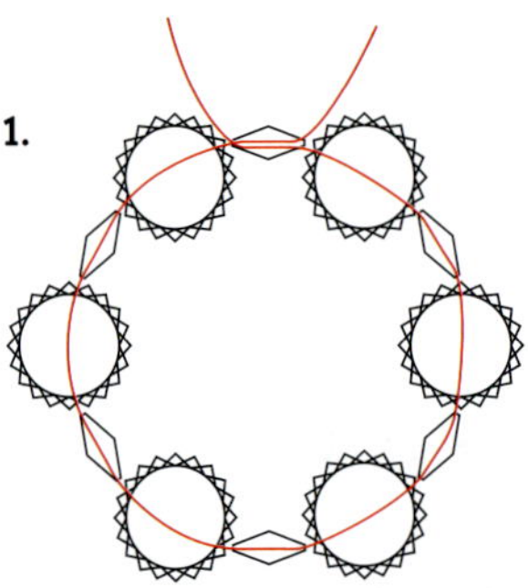

2.

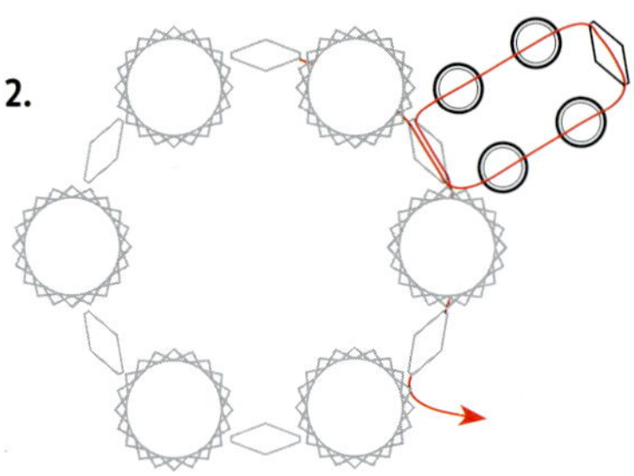

3.

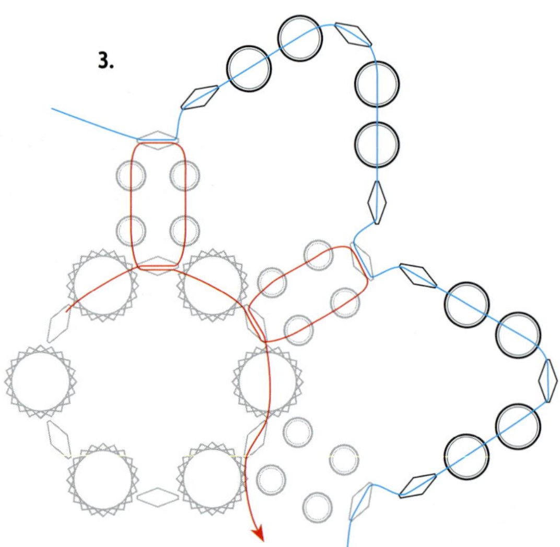

Tannenbäumchen

Seite 10

◇ Swarovski®-Doppelkegel, ø 4 mm

○ Rocailles, ø 3 mm

Tannenbäumchen mit bunten Kugeln

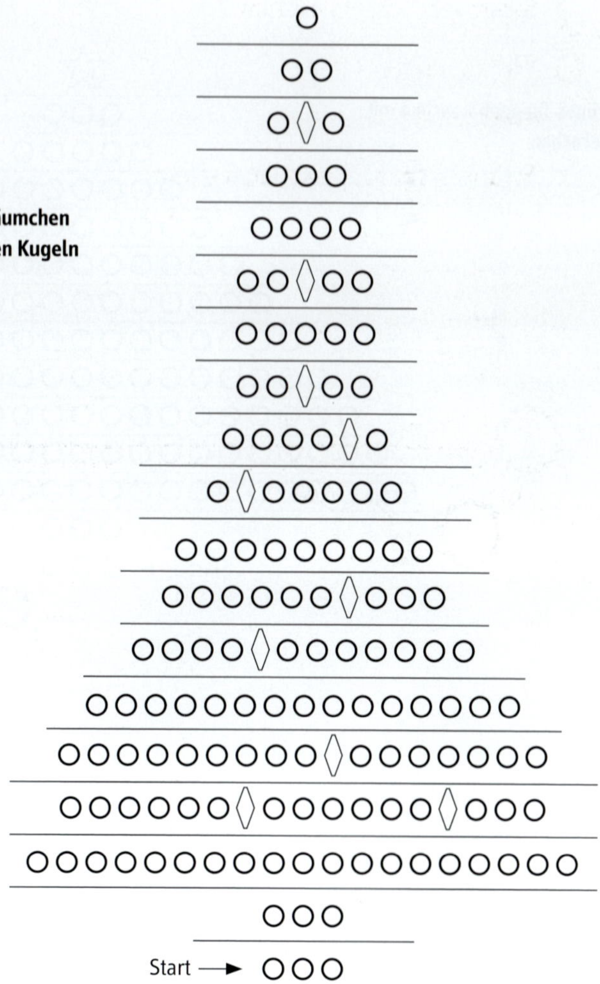

Tannenbäumchen

Seite 10

○ Rocailles, ø 3 mm

Grünes Tannenbäumchen mit Sternchen

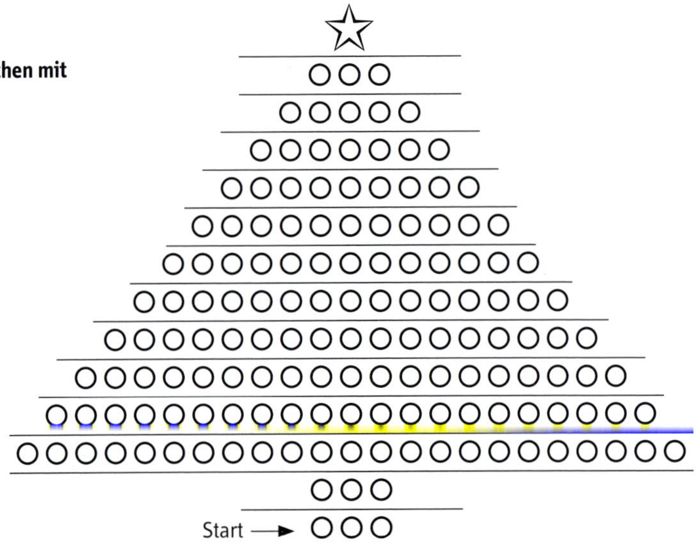

Weihnachtskugeln

Seite 13

○ Rocailles, ø 3 mm

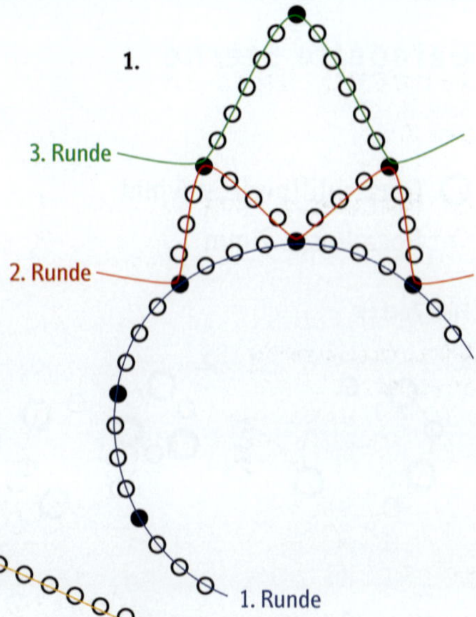

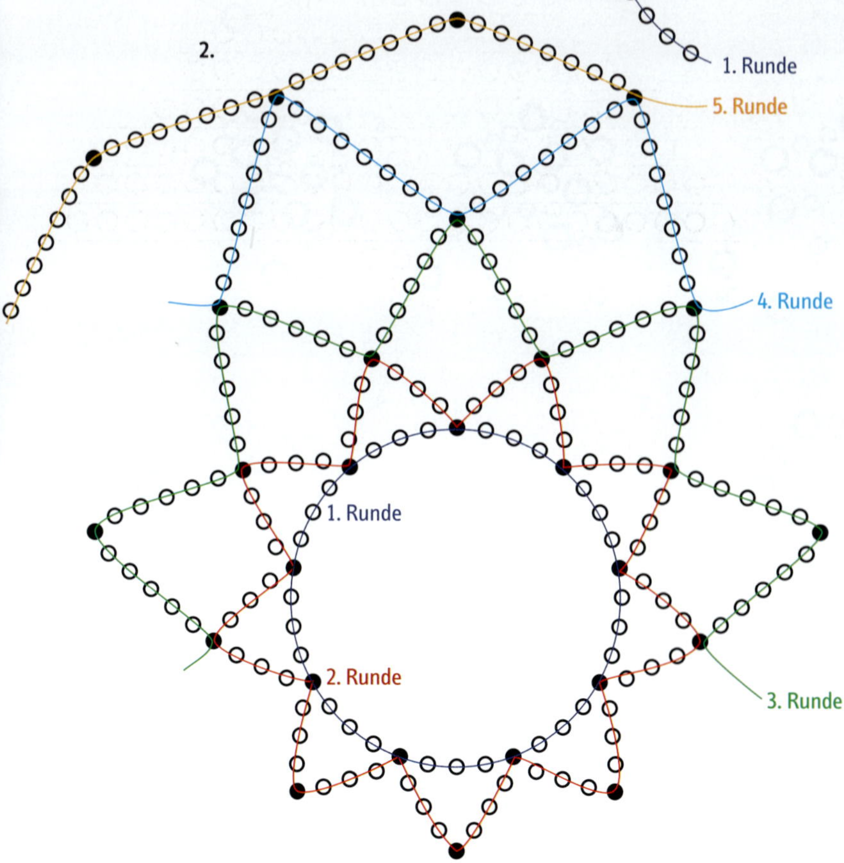

Gefädelte Sterne

Seite 14

- **O** Glasschliffperle, ø 4 mm
- o Rocailles, ø 2 mm

Fünf Zacken

1.

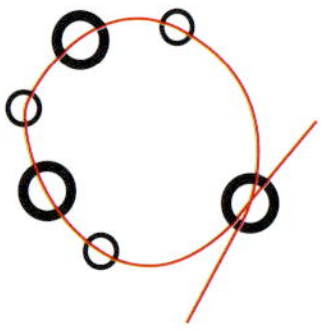

2.

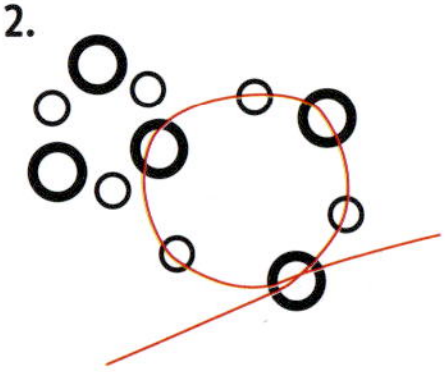

3.

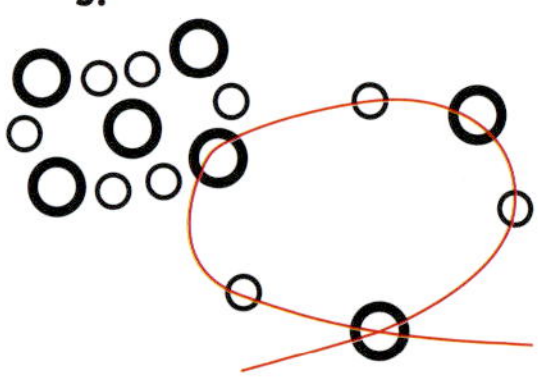

4.

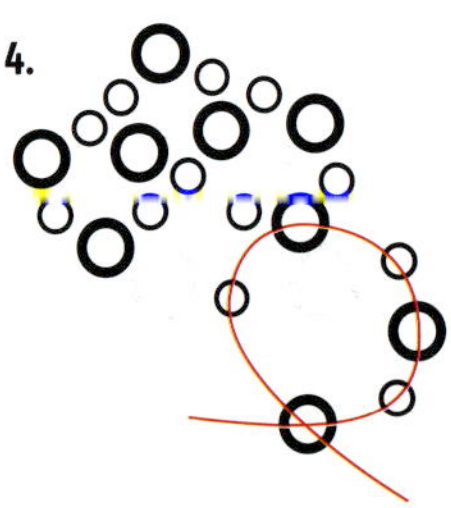

5.

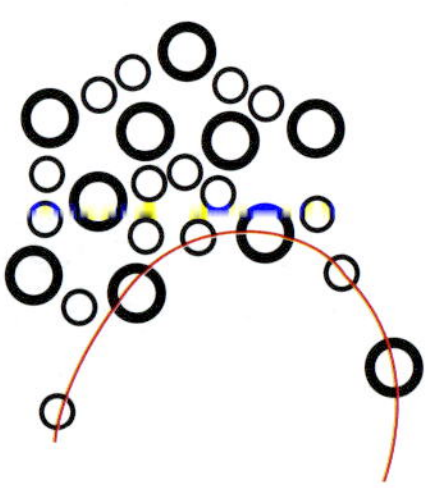

6.

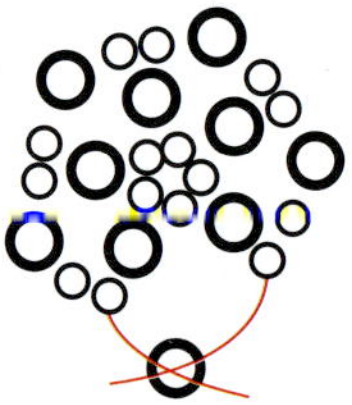

7.

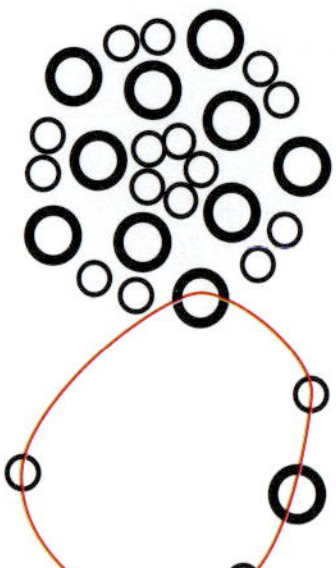

8.

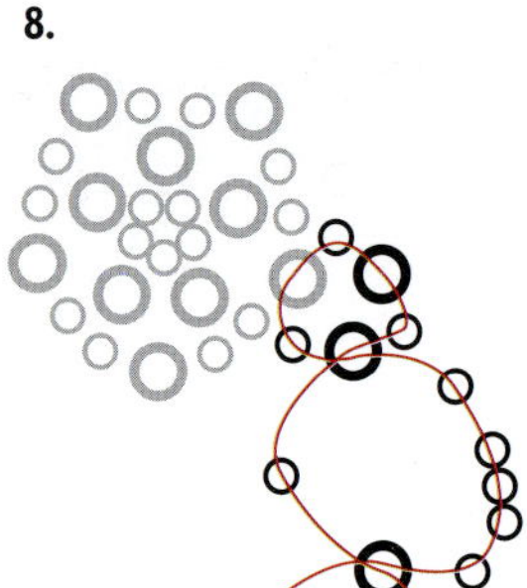

9.

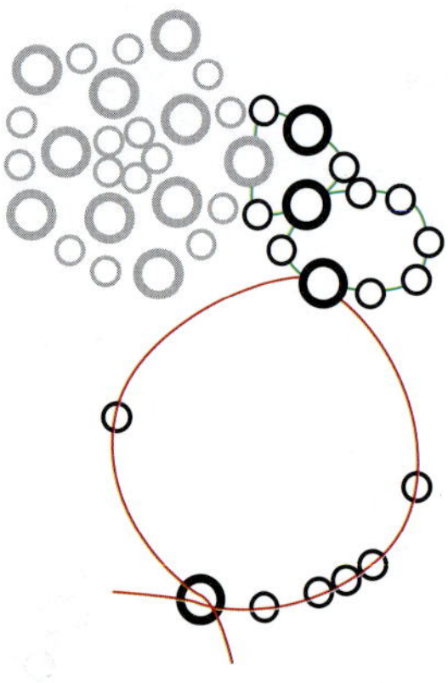

10.

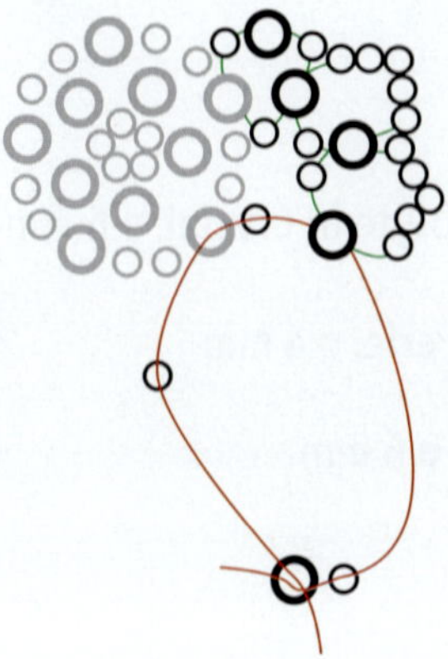

11.

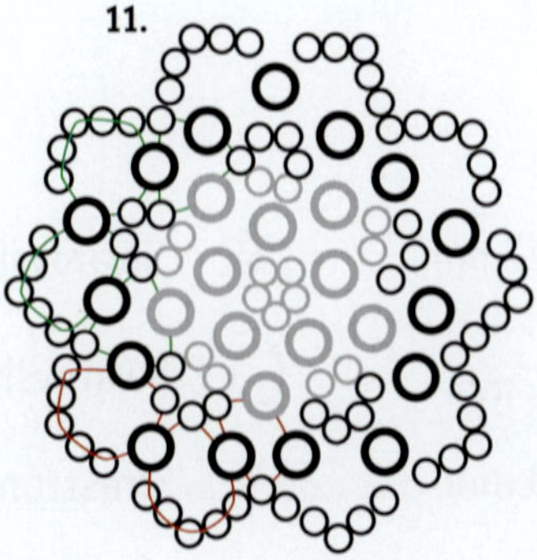

12.

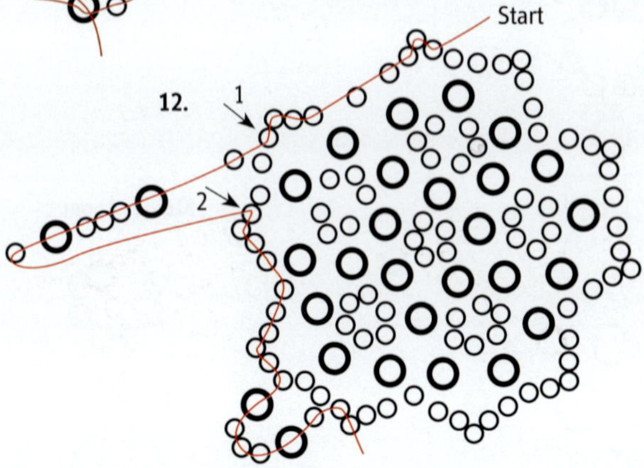

Aufhängeöse

13.

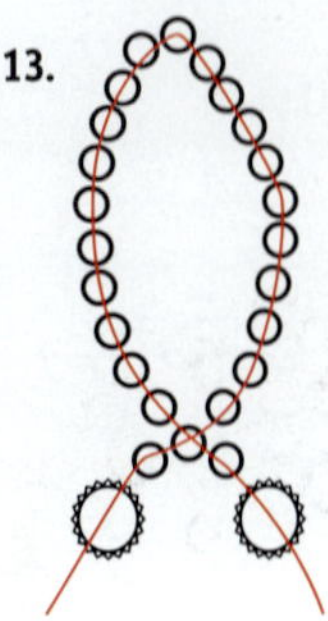

Gefädelte Sterne

Seite 14

Sechs Zacken

Glasschliffperle, ø 4 mm

Rocailles, ø 2 mm

1.

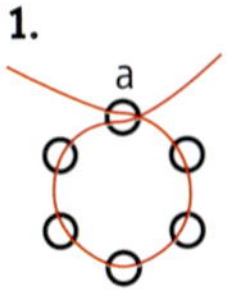

2.

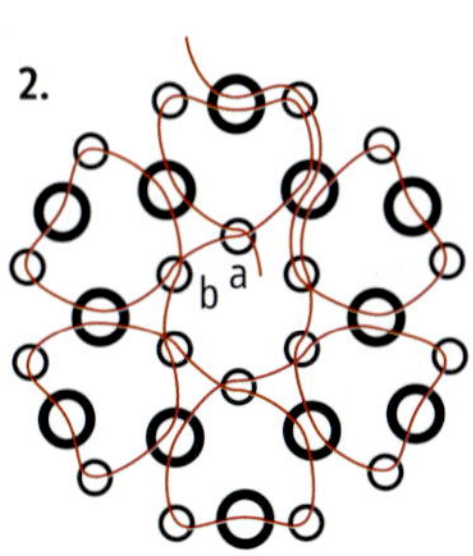

Traumhafte Engel

Seite 17

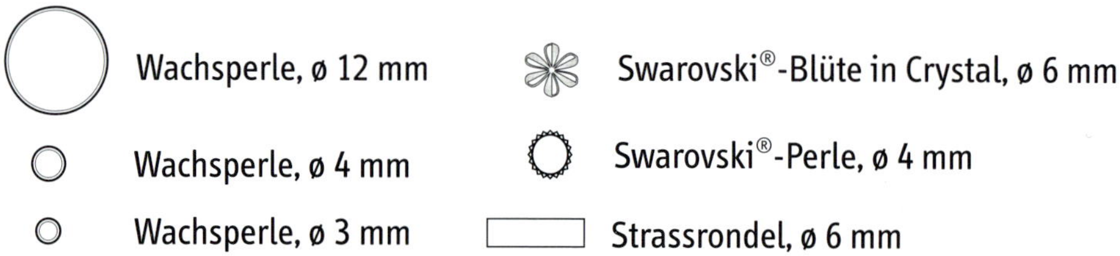

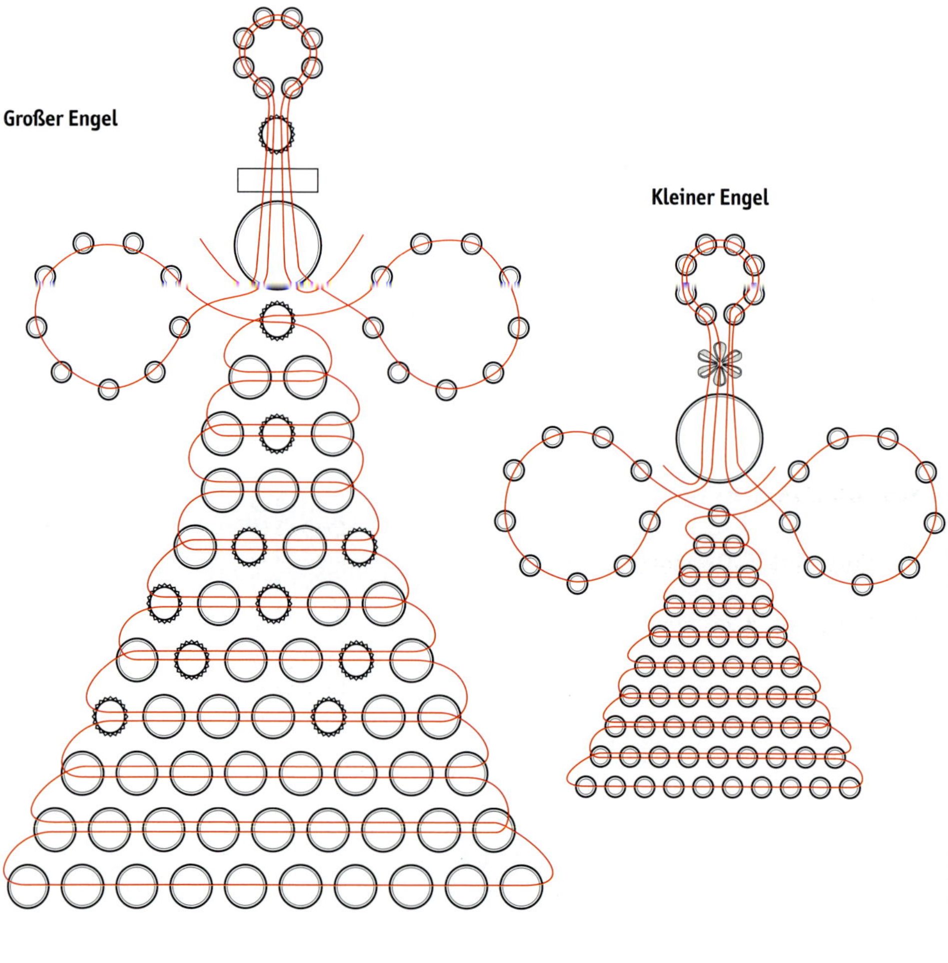

Gefädelter Stern

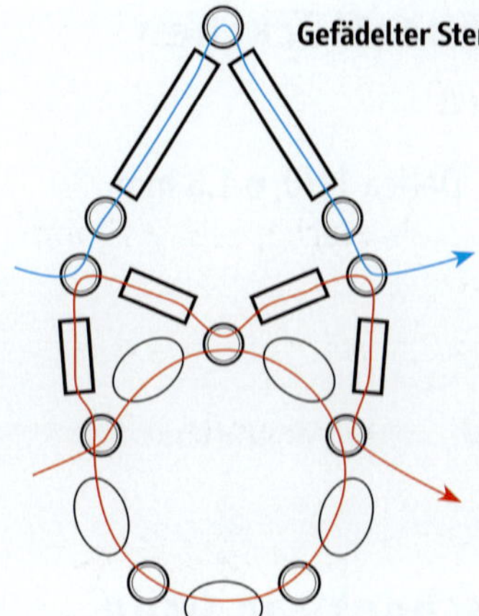

Swarovski®-Olive, 7,5 mm x 5 mm

Wachsperle, ø 4 mm

Stäbchenperle, ca. 15 mm lang

Stäbchenperle, ca. 7 mm lang

Kerzen mit Perlenband

Seite 19

Kerze in Pink

Swarovski®-Doppelkegel, ø 4 mm

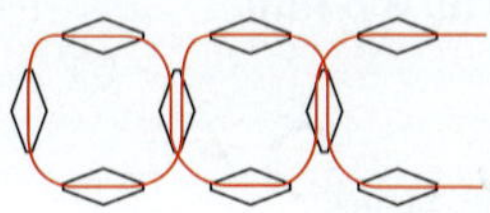

Kerze in Dunkelviolett

Swarovski®-Doppelkegel, ø 4 mm

Rocailles, ø 2,0 mm

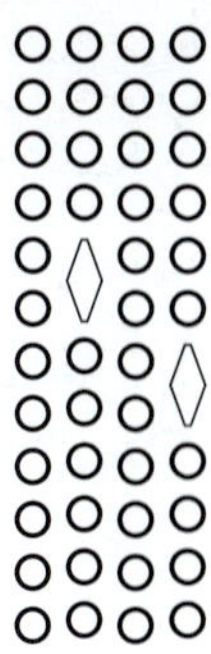

Schneeflöckchen

Seite 21

▢ Delica 11/0, ø 1,6 mm

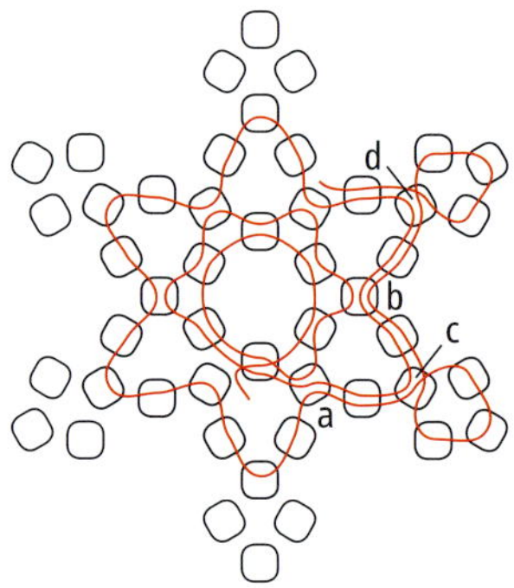

Tischdeko in Grün

Seite 22

Swarovski®-Perle, ø 6 mm

Wachsperle, ø 8 mm

Serviettenring/Kerzenschmuck

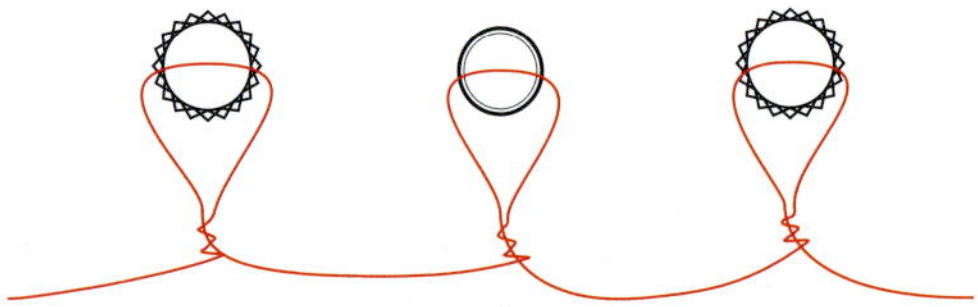

Tischset

Tischset

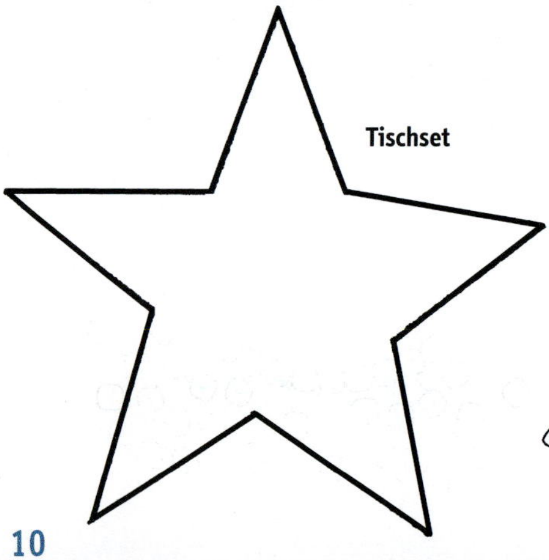

Delica-Sternchen

Seite 24

▢ Delica 11/0, ø 1,6 mm

1.

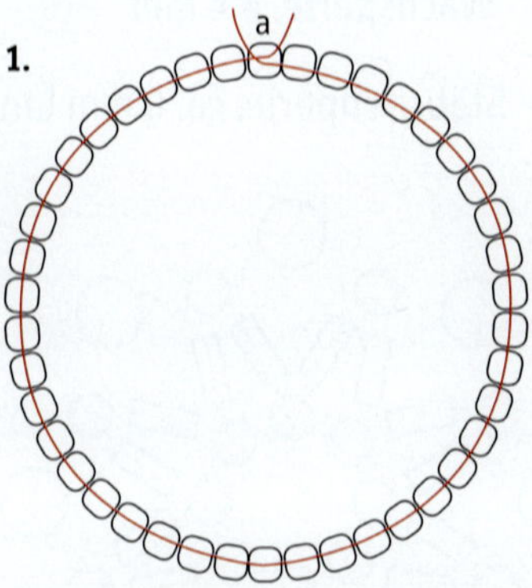

2.

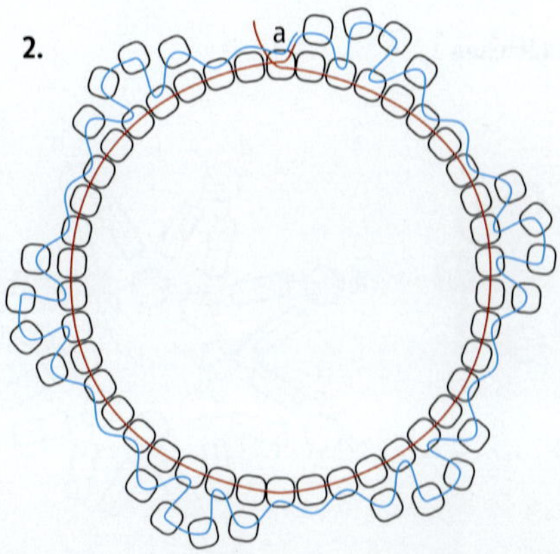

3.

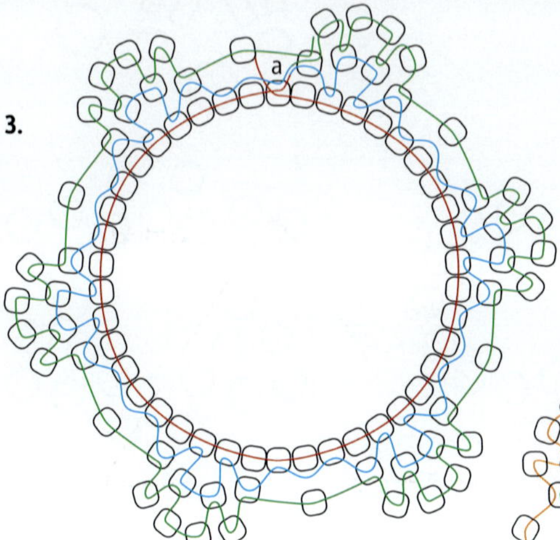

4.

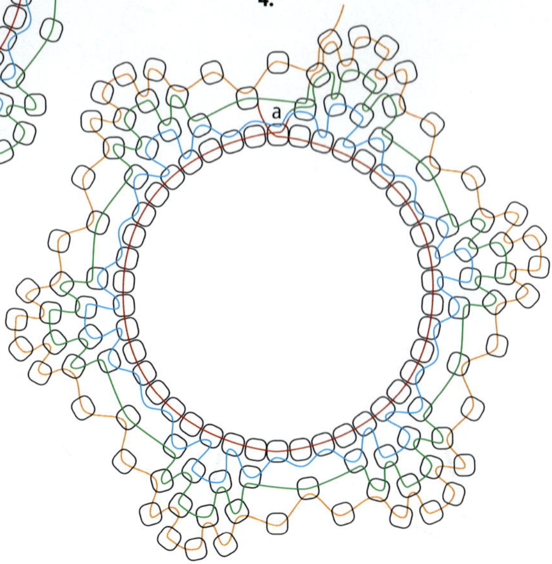

Barocker Glanz

Seite 30

◯ Wachsperle, ø 6 mm

○ Wachsperle, ø 4 mm

▭ Stäbchenperle, ca. 6 mm lang

Tischkärtchen

1.

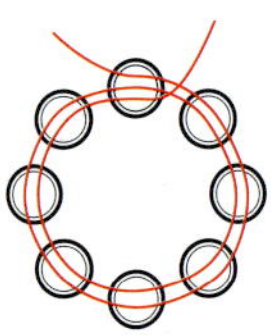

2.

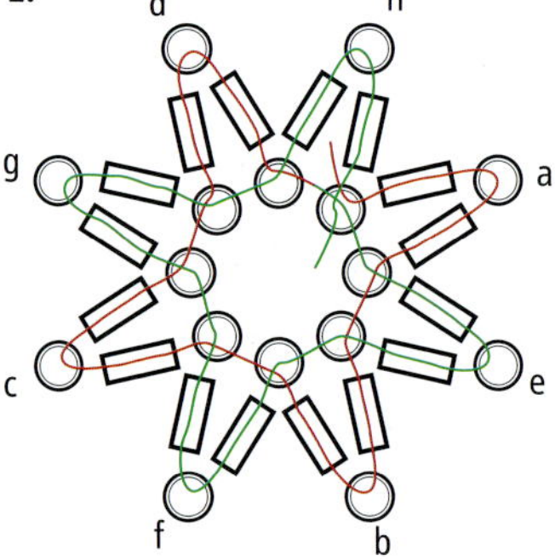

3.

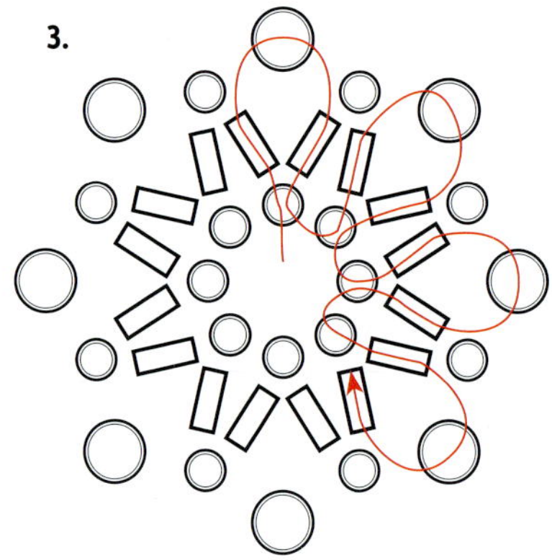

Windlicht

○ Wachsperle, ø 4 mm

1

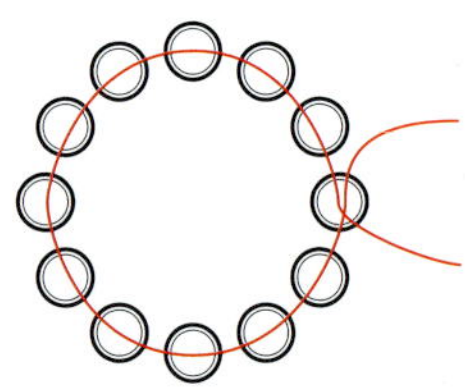

2

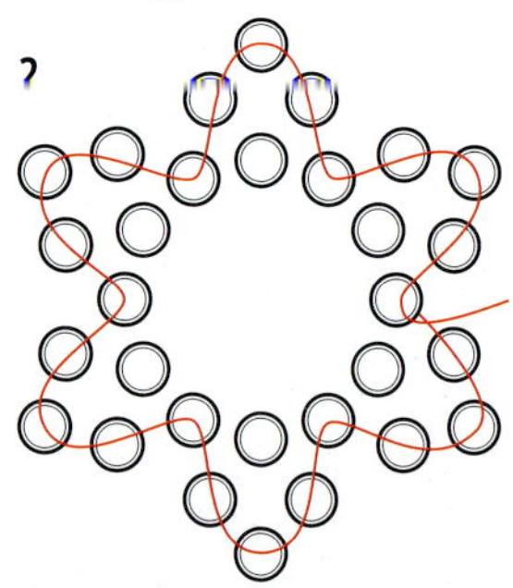

Serviettenring

◯ Wachsperle, ø 6 mm

□ Quetschperle

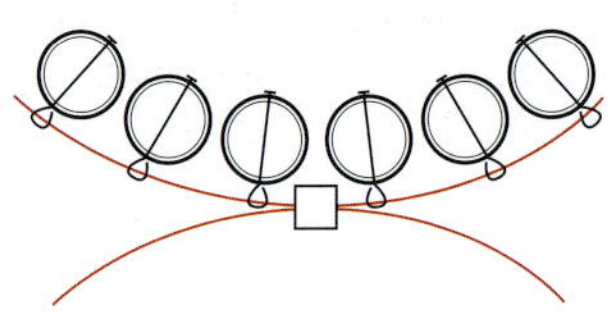

TOPP

Diana Averdiek

Festlicher Perlenschmuck

Weihnachtliches aus Glas- und Wachsperlen

BEST.-NR. 3714

VORLAGENHEFT

Gefädelter Stern

1 Eine Olive und eine Wachsperle auffädeln. Diesen Vorgang 4 Mal wiederholen und zum Kreis schließen, indem der Faden durch eine Wachsperle gekreuzt wird (1. Runde).

2 Den Arbeitsfaden aus einer Wachsperle herausführen, * ein Stäbchen (7 mm lang), eine Wachsperle (ø 4 mm), ein Stäbchen (7 mm lang) auffädeln **. Dann durch die nächste Wachsperle der 1. Runde fädeln. Den Vorgang von * bis ** 4 Mal wiederholen (2. Runde).

3 Den Arbeitsfaden aus einer Wachsperle der 2. Runde herausführen und *** eine Wachsperle, ein Stäbchen (15 mm lang), eine Wachsperle, ein Stäbchen (15 mm lang), eine Wachsperle auffädeln **** und durch die Zackenspitze (Wachsperle) der vorherigen Runde fädeln. Von *** bis **** 4 Mal wiederholen (3. Runde). Die Fäden verwahren.

Kerzen mit Perlenband

→ Liebe zum Detail

MOTIVHÖHEN
ca. 8 mm bzw. 1,8 cm

MATERIAL KERZE IN PINK

- Kerze in Pink, ø ca. 7 cm
- ca. 144 Swarovski®-Doppelkegel in Fuchsia, ø 4 mm
- Nylonfaden, ø 0,15 mm
- Perlennadel

KERZE IN DUNKELVIOLETT

- Kerze in Dunkelviolett, ø ca. 8 cm
- ca. 10 g Rocailles in Rosa Ceylon, ø 2 mm
- ca. 25 Swarovski®-Doppelkegel in Fuchsia, ø 4 mm
- Nylonfaden, ø 0,15 mm
- Perlennadel

VORLAGENHEFT SEITE 9

Kerze in Pink

1 Dieses Perlenband ist in der Technik des Rechtwinkligen Stiches gefertigt, siehe Seite 3. Auf einen 1 m langen Arbeitsfaden 3 Doppelkegel (ø 4 mm) auffädeln, durch einen weiteren Doppelkegel kreuzen (siehe Skizze).

2 Diesen Vorgang so oft wiederholen, bis der Umfang der Kerze erreicht ist. Zum Schluss durch die zuerst aufgenommene Perle nochmals kreuzen. Den Arbeitsfaden vernähen.

Kerze in Dunkelviolett

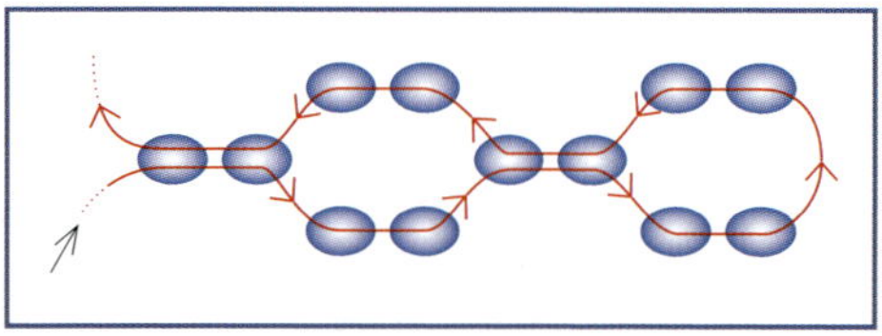

1 Dieses Perlenband wird in der Technik Peyote über Paare gefädelt, siehe Seite 4. Auf einen ca. 1,5 m langen Arbeitsfaden eine Stopperperle anbringen, anschließend 12 Rocailles auffädeln.

2 In der Technik Peyote über Paare einige Reihen fädeln.

3 Jetzt anstatt der 2 Rocailles an einer beliebigen Stelle einen Doppelkegel auffädeln und in der o. g. Technik weiterfädeln.

4 Dies an verschiedenen Stellen wiederholen. Wenn das Band lang genug ist, Anfang und Ende miteinander verbinden.

Schneeflöckchen

→ Weißröckchen...

MOTIVHÖHE
Schneeflöckchen ca. 1,5 cm

MATERIAL
- ca. 1 g Delica 11/0 in Weiß Regenbogen gelüstert, ø 1,6 mm
- Satinband in Weiß, 5 mm breit, ca. 40 cm lang
- Satinband in Silber, 5 mm breit, ca. 40 cm lang
- Vase, ø 5 cm, 20 cm hoch
- Fädelgarn
- Fädelnadel

VORLAGENHEFT SEITE 10

1 Einen ca. 1 m langen Arbeitsfaden nehmen und 6 Delicas auf den Arbeitsfaden auffädeln und zum Kreis schließen.

2 Zwischen jede Delica der 1. Runde jeweils eine zusätzliche Delica fädeln. Siehe Skizze (a, b).

3 Je 3 Delicas aufnehmen und durch die nächste Delica der Vorrunde fädeln. Den Vorgang 5 Mal wiederholen.

4 Den Arbeitsfaden aus einer Zacke herausführen. Siehe Skizze (c).

5 3 Delicas aufnehmen, durch die gleiche Delica zurückfädeln und die Nadel durch die Delicas zur nächsten Zackenspitze hinführen. Den Vorgang 5 Mal wiederholen.

Tipp: Mit diesen Schneeflöckchen können Sie auch Türkränze und winterliche Blumensträuße schmücken.

Tischdeko in Grün

→ modern

MOTIVHÖHEN
Tanne ca. 8 cm bzw.
Stern 6,5 cm
Serviettenring ca. 1,5 cm

MATERIAL TISCHSET

- ca. 60 Swarovski®-Strasssteinchen Hot fix, SS10, ø 2,8 mm (pro Tanne)
- ca. 50 Swarovski®-Strasssteinchen Hot fix, ø 2,8 mm (pro Stern)
- Transferfolie
- Pinzette
- Bügeleisen
- Tischset in Apfelgrün
- Backpapier

SERVIETTENRING/ KERZENSCHMUCK

- Schmuckdraht in Silber, ø 0,38 mm
- verschiedene Perlen in Rot, Weiß, Creme, Rosa und Grün, ø 3 mm bis 8 mm

VORLAGENHEFT SEITE 10

Tischset

1 Die Schutzfolie von der Transferfolie entfernen und anschließend mit der glatten Seite (nicht die klebende Seite) auf das Motiv legen.

2 Mit der Pinzette die Strasssteinchen mit der glänzenden Seite nach unten auf die Vorlage legen.

3 Anschließend das Motiv mit der klebenden Seite auf das Tischset legen. Ein Stück Backpapier über die Transferfolie legen und mit dem Bügeleisen auf Stufe 2 (Dampf ausgeschaltet) bügeln. Nach dem Abkühlen die Transferfolie entfernen.

Hinweis: Die Textilien können bei 30° bis 40° C im Feinwaschprogramm gewaschen werden.

Serviettenring/ Kerzenschmuck

Die Perlen willkürlich auf den Draht auffädeln und einzeln mit dem Draht verdrehen. Dann den Draht zum Ring formen und mehrmals um die Kerze bzw. Serviette wickeln.

Hinweis: Die Beschreibung der Weihnachtskugel finden Sie auf Seite 12.

Delica-Sternchen

→ mit Durchblick

Goldfarbener Stern

1 Das Delica-Sternchen wird in der Peyote-Technik gefädelt, siehe Seite 4. Einen ca. 1 m langen Arbeitsfaden nehmen und 42 Delicas auffädeln, Skizze 1. Durch die zuerst aufgenommene Delica (a) fädeln und die Arbeit zum Kreis schließen.

2 Für die 2. Runde * eine Delica aufnehmen und in der Peyote-Technik weiterarbeiten. Für die Sternspitzen zwei Delicas aufnehmen und direkt in die nächste Delica der ersten Runde fädeln. Anschließend eine Delica aufnehmen, eine Delica der ersten Runde überspringen und in die nächste Delica fädeln. Zwischen den Spitzen keine Delica aufnehmen**, siehe Skizze 2. Von * bis ** 5 Mal wiederholen. Am Ende der Runde den Step Up (Aufschritt, a, siehe Skizze 2) nicht vergessen und den Faden anziehen. Aus dem Kreis ist jetzt ein Stern mit sechs Zacken geworden.

3 Die 3. Runde wie die 2. Runde in der Peyote-Technik arbeiten. An den Sternspitzen immer 2 Delicas aufnehmen. Zwischen den Spitzen wird in dieser Runde 1 Delica aufgenommen, siehe Skizze 3. Auch in der 4. und 5. Runde in der Peyote-Technik arbeiten, siehe Skizze 4.

Tontopf

Das Schleifenband mit beidseitigem Klebeband um den Tontopf kleben. Oberhalb die Kordel binden. Das Delica-Sternchen in der Mitte des braunen Schleifenbandes mit Heißkleber anbringen. Die Facettenperle auf den Prismenstift stecken, in passender Länge abschneiden und eine Öse biegen. Anschließend in den Stern einhängen.

Organzasäckchen

1 Für den fünfzackigen Stern mit 35 Delicas in der ersten Runde anfangen und nach dem gleichen Prinzip arbeiten.

2 Um das Organzasäckchen das Karoband binden und zwei Sternchen daran knoten.

Hinweis: Die Kugel wird nach Anleitung auf Seite 12 umfädelt.

MOTIVHÖHE
Sternchen ca. 3 cm

MATERIAL PRO STERN
- ca. 2 g Delica in Gold oder Braun, Größe 11/0
- Fädelgarn
- Perlennadel
- evtl. Fadenwachs

TONTOPF
- Facettenperle in Braun, ø 10 mm
- Prismenstift in Gold, 30 mm lang
- Kordel in Rost, ø 4 mm, 90 cm lang
- Schleifenband in Braun, 5 cm breit, 35 cm lang
- Tontopf, ø 11,5 cm, 17 cm hoch

ORGANZASÄCKCHEN
- Organzasäckchen, 10 cm breit, 17 cm hoch
- Karoband in Braun, 5 mm breit, 28 cm lang

VORLAGENHEFT SEITE 11

Apfelgrün und Granatapfel

→ stilvolle Mischung

MOTIVHÖHEN
Steckstern ca. 15 cm
Hänger ca. 16 cm

MATERIAL STECKSTERN
- Steckstern, ø 15 cm
- 8 Swarovski®-Perlen in Oliv, rund, ø 4 mm
- 12 Swarovski®-Perlen in Rot, rund, ø 4 mm
- 12 Swarovski®-Perlen in Fuchsia, rund, ø 4 mm
- 12 Swarovski®-Doppelkegel in Oliv, ø 4 mm
- 8 Swarovski®-Doppelkegel in Rot, ø 6 mm
- 8 Swarovski®-Doppelkegel in Oliv, ø 6 mm
- 8 Swarovski®-Doppelkegel in Fuchsia, ø 6 mm
- 8 Swarovski®-Perlen in Oliv, rund, ø 6 mm

ANHÄNGER
- Schmuckdraht in Silber, ø 0,38 mm, ca. 50 cm lang
- 14 Quetschperlen in Silber, ø 2 mm
- 2 Tannenbaumanhänger in Silber
- 7 Swarovski®-Doppelkegel in Oliv, ø 4 mm
- 8 Swarovski®-Doppelkegel in Fuchsia, ø 4 mm
- 2 Swarovski®-Doppelkegel in Rot, ø 8 mm
- 2 Swarovski®-Doppelkegel in Fuchsia, ø 8 mm
- 2 Swarovski®-Perlen in Amethyst, rund, ø 8 mm
- Swarovski®-Perle in Fuchsia, rund, ø 8 mm
- Swarovski®-Perle in Fuchsia, rund, ø 10 mm
- Swarovski®-Perle in Oliv, rund, ø 10 mm

Steckstern

Den Steckstern mit den Perlen bestücken. Damit sie nicht runterfallen, am Ende eine Öse biegen.

Tipp: **Die Zacken anschließend auseinander biegen. Dann entsteht ein schöner 3D-Effekt.**

Anhänger

1 Eine Quetschperle auffädeln, mit dem Schmuckdraht eine Schlaufe bilden und das Ende des Schmuckdrahtes durch die Quetschperle schieben, festquetschen.

2 Eine weitere Quetschperle auffädeln und festquetschen. Den Schmuckdraht nach der Abbildung bestücken und die Perlen mit einer Quetschperle auf dem Schmuckdraht befestigen.

3 Restlichen Schmuckdraht abschneiden. Den Tannenbaumanhänger in die Öse hängen.

Teelichthüllen

→ in der Peyote-Technik umperlt

MOTIVHÖHE
ca. 1,5 cm

MATERIAL PRO TEELICHT
- Teelicht
- ca. 10 g Rocailles in Silber bzw. Gold, ø 2 mm
- Fädelgarn
- Perlennadel
- Fadenwachs

1 Einen ca. 1 m langen Arbeitsfaden nehmen und evtl. vorher wachsen. Die Peyote-Technik wird auf Seite 4 ausführlich beschrieben.

2 1. Reihe: Eine Stopper-Perle auffädeln und anschließend 10 Rocailles auffädeln.

3 2. Reihe: Eine Rocaille auffädeln, die letzte Rocaille der Vorreihe überspringen und durch die vorletzte Rocaille der ersten Reihe fädeln. Anschließend eine neue Rocaille aufnehmen, eine Rocaille der Vorreihe überspringen und durch die nächste Rocaille fädeln. Den Vorgang noch dreimal wiederholen.

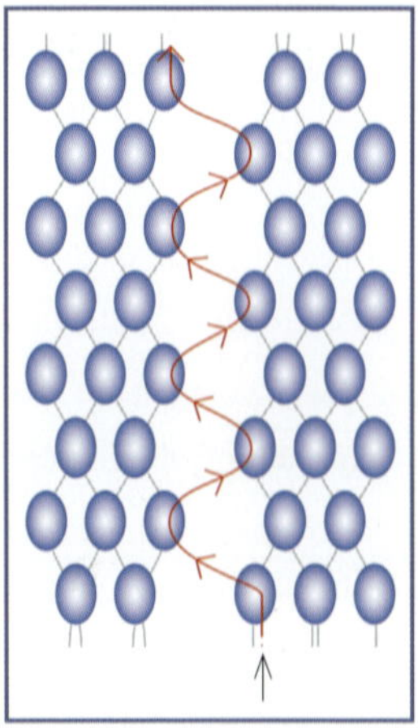

4 3. Reihe: Die Arbeit wenden, 1 Rocaille aufnehmen, die letzte Rocaille der 2. Reihe überspringen und durch die vorletzte Rocaille der 2. Reihe fädeln. So weiter fädeln, bis der Umfang des Teelichts erreicht ist. Beide Enden im Reißverschluss-System schließen, siehe Skizze.

Hinweis: Achten Sie immer auf eine gute Fadenspannung.

Tipp: Die Teelichthüllen wirken auch in verschiedenen Brauntönen sehr elegant.

Selina

Barocker Glanz

→ Tischdeko mit Wachsperlen

MOTIVHÖHEN

Serviettenring ca. 4 cm
Tischkärtchenschmuck ca. 2,5 cm
Windlichtschmuck ca. 3 cm

MATERIAL SERVIETTENRING

- Fädelgummi, ca. 50 cm lang
- 45 Prismenstifte
- 40 Wachsperlen in Creme, ø 6 mm
- 5 Swarovski®-Doppelkegel in Crystal, ø 8 mm
- Quetschperle, ø 1 mm

TISCHKÄRTCHEN

- Fädelgarn
- Perlennadel
- evtl. Fadenwachs
- 8 Wachsperlen in Creme, ø 6 mm
- 16 Wachsperlen in Creme, ø 4 mm
- 16 Stäbchenperlen in Weiß, ø 6 mm
- Tischkärtchen in Gold, 9 cm x 5,5 cm

WINDLICHT

- Schmuckdraht in Silber, ø 0,38 mm
- 30 Wachsperlen in Weiß, ø 4 mm
- Windlicht, ø 10 cm, ca. 14 cm hoch
- Organzaband in Beige, 2,3 cm breit, ca. 55 cm lang

VORLAGENHEFT SEITE 12

Serviettenring

1 Alle Wachsperlen und Doppelkegel einzlen auf die Prismenstifte stecken. Die Prismenstifte kürzen und eine Öse biegen.

2 Ein ca. 50 cm langes Stück Fädelgummi nehmen und abwechselnd einen Doppelkegel und 8 Wachsperlen auffädeln.

3 Anschließend beide Enden des Fädelgummis in einer Quetschperle kreuzen und quetschen, siehe Vorlagenheft Seite 12.

Tischkärtchen

1 Auf einen ca. 1 m langen Arbeitsfaden 8 Wachsperlen (ø 4 mm) auffädeln und zum Kreis schließen, indem nochmals durch alle Perlen gefädelt wird, Skizze 1.

2 *Ein Stäbchen, eine Wachsperle, ein Stäbchen auffädeln und durch die übernächste Wachsperle der 1. Runde fädeln**. Den Vorgang von * bis ** 7 Mal wiederholen. Nach der Skizze im Vorlagenheft die Zacken in alphabetischer Reihenfolge fädeln, Skizze 2.

3 In der letzten Runde werden gemäß Skizze 3 nun die 6 mm großen Wachsperlen eingearbeitet. Hierfür den Arbeitsfaden aus einem Stäbchen herausführen, *** eine 6 mm große Wachsperle auffädeln und durch das nächste Stäbchen herunter fädeln. Durch die 4 mm große Wachsperle der 1. Runde und durch das nächste anliegende Stäbchen wieder herausfädeln****.

WEITERFÜHRUNG

Barocker Glanz

5 Den Vorgang von *** bis **** insgesamt 7 Mal wiederholen.

6 Das runde Ornament auf das Tischkärtchen kleben.

Windlicht

1 Zunächst für den inneren Kreis 12 Wachsperlen auffädeln und in der ersten Perle den Faden kreuzen, Skizze 1.

2 Für die zweite Runde drei Perlen auffädeln und in die übernächste Perle fädeln. Diesen Vorgang 5 Mal wiederholen, Skizze 2.

3 Den Stern an das Organzaband knoten und um das Windlicht binden.

Hinweis: Die Anleitung für die umperlte Christbaumkugel finden Sie auf Seite 12.

DIESES BUCH ENTHÄLT EIN VORLAGENHEFT

Hilfestellung zu allen Fragen, die Materialien und Bastelbücher betreffen: Frau Erika Noll berät Sie.
Rufen Sie an: 05052/911858*

*normale Telefongebühren

Mehr zur Autorin erfahren Sie unter www.glasperlendesign.com

IMPRESSUM

FOTOS: frechverlag GmbH, 70499 Stuttgart; Fotostudio Ullrich & Co., Renningen
DRUCK: frechdruck GmbH, 70499 Stuttgart

Auflage: 6. 5. 4. 3. 2.
Jahr: 2013 2012 2011 2010 2009 [Letzte Zahlen maßgebend]

ISBN 978-3-7724-3714-4
Best.-Nr. 3714